Die Ratschläge in diesem Buch sind sorgfältig erwogen und geprüft. Sie bieten jedoch keinen Ersatz für kompetenten medizinischen Rat, sondern dienen der Begleitung und der Anregung der Selbstheilungskräfte. Alle Angaben in diesem Buch erfolgen daher ohne Gewährleistung oder Garantie seitens des Autors oder des Verlages. Eine Haftung des Autors bzw. des Verlages und seiner Beauftragten für Personen-, Sach- und Vermögensschäden ist daher ausgeschlossen.

REINHARD STENGEL

CHAKREN

fühlen, ausgleichen
und anregen

ISBN Printausgabe 978-3-8434-5063-8
ISBN E-Book 978-3-8434-6097-2

Reinhard Stengel:
Seelenschamanische Energiearbeit
Chakren fühlen, ausgleichen und anregen
© 2013 Schirner Verlag, Darmstadt

Umschlag: Murat Karaçay, Schirner, unter Verwendung von #8742024 (Sunnydays), www.fotolia.com
Satz: Simone Leikauf, Schirner
Redaktion: Bastian Rittinghaus, Schirner
Lektorat: Dirk Grosser
Printed by: Ren Medien GmbH, Germany

www.schirner.com

6. Auflage August 2018

Alle Rechte der Verbreitung, auch durch Funk, Fernsehen
und sonstige Kommunikationsmittel, fotomechanische oder vertonte Wiedergabe
sowie des auszugsweisen Nachdrucks vorbehalten

Inhalt

Vorwort 6

Chakren und Prana 10

   Übung 1: Tiefenentspannung *15*
   Übung 2: Einen Energieball formen *18*

Die sieben Chakren 30

   Übung 3: Das Dritte Auge trainieren *51*
   Übung 4: Chakren intuitiv fühlen *55*

Ein erweitertes Chakra-System 62

   Übung 5: Die goldene Energiekugel *66*

Chakren und die Elemente 70

   Übung 6: Die Erde spüren *72*
   Übung 7: Uns dem Wasser hingeben *73*
   Übung 8: Äußeres und inneres Feuer *75*
   Übung 9: Den Wind durch uns hindurchwehen
             lassen *76*

Chakren reinigen und stärken 78

   Übung 10: Aura ausstreichen *80*
   Übung 11: Chakren putzen *81*

Schamanische Chakrenarbeit in der Praxis 88

Schlusswort 94

Vorwort

Der gesamte Kosmos ist erfüllt von Energie. Nirgendwo herrscht ein Mangel an Lebenskraft. Alles vibriert und ist in Schwingung, nahezu berstend vor Potenzial. Diese kosmische Energie umgibt uns, durchfließt uns, versorgt und nährt uns.

Als lebendige Wesen in diesem Kosmos sind wir von Natur aus empfänglich für diese Energie, die uns trägt und unsere Existenz überhaupt erst ermöglicht.

Ein System von Energiekanälen nimmt über die sogenannten Chakren diese Energie auf und verteilt sie harmonisch in unserem Körper und unserem Geist. Es lässt uns Feinstoffliches fühlen, erweitert die Wahrnehmung, verbindet uns auf tiefe Weise mit dem Kosmos, mit unserer Natur und mit anderen Wesen.

In unserem Leben und insbesondere in der seelenschamanischen Arbeit erfüllen die Chakren deshalb wichtige, ja lebensnotwendige Funktionen: Ohne die Harmonie der Chakren ist keine Harmonie unserer Lebenssituation möglich.

Da diese Energiezentren jedoch von vielen Faktoren wie Umwelteinflüssen, Traumata, Ängsten und weiteren negativen Emotionen blockiert werden können, ist es meist nötig, mit ihnen zu arbeiten. Sie müssen geöffnet und harmonisiert werden, damit die frei fließende Energie wirklich aufgenommen und unser Leben von ihr erfüllt werden kann.

Natürlich gibt es unzählige Bücher über die Chakren, und so zögerte ich zuerst, als einige meiner Schüler mich baten, ein Buch über diese Arbeit zu schreiben. Letztlich wurde mir jedoch bewusst, dass es in meiner seelenschamanischen Arbeit vor allem darauf ankommt, die Chakren zu fühlen, sie wahrzunehmen, zu reinigen und sie so in ihrer natürlichen Funktionsweise zu unterstützen, dass wirkungsvolle energetische Arbeit möglich wird. Ebenfalls wurde mir klar, dass es in der seelenschamanischen Arbeit mit den Chakren einige Besonderheiten gibt, die sich auf unser Verhältnis zu Mutter Erde beziehen, was mir gerade in unserer heutigen Zeit von immenser Wichtigkeit zu sein scheint.

Aus diesem Ansatz ist das vorliegende Buch entstanden, das dir zuallererst ein Verständnis für die Chakren und ihre Aufgaben näherbringen möchte, um dann auf grundlegende Übungen einzugehen, deren Ziel es ist, dein persönliches Energiefeld umgehend zu harmonisieren und ihm seine volle Kraft wiederzugeben.

Ich gebe hier weiter, was ich selbst bei meinem schamanischen Lehrer in Montana gelernt habe und vor allem erleben durfte und was mein Leben von Grund auf verändert hat.

Möge dieses Buch dir dazu dienen, mithilfe der hier vorgestellten Arbeit in deine ureigene Kraft zurückzufinden – sodass du diese Kraft wirklich erfahren und der Welt zum Geschenk machen kannst!

Reinhard Stengel
Frühjahr 2013

Chakren und Prana

Alles im Universum ist von einer grundlegenden Energie durchdrungen, die Leben überhaupt erst möglich macht. Lange bevor unsere moderne Wissenschaft diese Tatsache erforschte, waren die Weisen vergangener Zeiten bereits fähig, diese Energie zu spüren, zu nutzen und zu lenken. Die Seher des alten Indiens nannten diese Energie »Prana«, die Chinesen sprachen vom »Chi«, die Japaner vom »Ki«, Hildegard von Bingen nannte diese Lebensenergie »Grünkraft«, und andere Gelehrte unseres Kulturkreises sprachen vom »Äther«.

Diese Energie umfließt uns beständig, durchdringt unser ganzes Sein und verbindet uns mit den Kräften des Kosmos. In diesem Buch wollen wir den Begriff Prana verwenden, aber letztlich ist es egal, wie wir diese Energie nennen – wichtig ist, dass uns bewusst wird, wie entscheidend der ungehinderte Fluss dieser kosmischen Kraft für unser Leben ist.

Das Sanskritwort Prana bedeutet wörtlich übersetzt Lebenshauch. Prana ist einerseits der Atem – wir kennen ihn in unserer Kultur auch als den Odem, der dem Geschöpf eingehaucht wird, um es lebendig zu machen – und die Energieströme im Körper, andererseits aber auch die Lebenskraft im weiteren Sinne oder kosmische Energie als solche.

Diese Energie nehmen wir in jeder Sekunde unseres Daseins über unsere Chakren und über die Kundalini auf. Diese wird traditionell als Schlange dargestellt, die in unserem Wurzelchakra zusammengerollt schläft, nach ihrer »Erweckung« die Wirbelsäule hinaufsteigt und uns dabei energetisiert. Zusätzlich existieren noch drei wichtige Energiebahnen, die man in Indien Sushumna, Pingala und Ida nennt.

Des Weiteren wird von sogenannten Nadis gesprochen, die das Prana in unserem Körper wie durch winzige Transportröhren weiterleiten. Es soll 80 000 Nadis geben, wobei ich recht sicher bin, dass sie noch niemand wirklich gezählt hat.

Du siehst, dass man alles ziemlich kompliziert machen kann. Um diese Energie aber zu fühlen und in unserem Leben positiv zu erleben und anzuwenden, muss man weder indische Begriffe lernen noch Nadis zählen.

Ich möchte diese Zusammenhänge hier möglichst einfach beschreiben, denn viele Dinge im Seelenschamanismus *sind* verblüffend einfach. So einfach, dass wir es selbst manchmal nicht glauben können und lieber eine verzwickte Theorie erdenken, weil uns das Über-Intellektualisierte in unserer verkopften Gesellschaft oftmals besonders glaubwürdig erscheint. Doch wie der Philosoph John Dewey sagte, ist ein Gramm Erfahrung mehr wert als eine Tonne Theorie – eine Weisheit, die wir uns immer wieder vor Augen halten sollten, gerade was unsere seelenschamanische Arbeit betrifft.

Prana kann man sehen

Jeder von uns hat Prana schon gesehen. Wirklich jeder!

Wenn du dich an deine Kindheit erinnerst, wie du im Sommer auf dem Rücken auf einer Wiese lagst und deinen Blick mit zugekniffenen Augen gegen die Sonne erhoben hast, konntest du da vor deinen Augen nicht kleine silberne Punkte oder so etwas wie Fischchen sehen?

In diesen Momenten hast du das Prana, unsere Lebensenergie, gesehen. Vielleicht haben wir als Erwachsene verlernt, Prana zu sehen, weil wir das Staunen über die eigentlichen Wunder unseres Daseins vergessen haben. Wir sind viel zu verspannt und in unseren nüchternen Alltag verstrickt, als dass wir solche Wahrnehmungen noch zulassen würden. Aus diesem Grund muss unsere erste Übung der Entspannung dienen, um uns wieder für Erfahrung, für die Wunder unserer Kindheit zu öffnen.

Übung 1:
Tiefenentspannung

Nimm dir etwas Zeit, setze oder lege dich bequem auf den Boden (wenn das Wetter es zulässt, machst du diese Übung am besten in der freien Natur), spüre die Erde unter dir, und schließe deine Augen. Werde dir deines Atems gewahr, achte darauf, wie der Atem kommt und geht, wie ES dich atmet, ein und aus, ein und aus. Gehe dann mit deiner Aufmerksamkeit durch deinen ganzen Körper, angefangen bei deinen Füßen, durch die Beine, den Bauch, deinen Rücken und deine Wirbelsäule entlang, deine Schultern und Arme bis zu den Händen, deinen Nacken, deinen Kopf und dein Gesicht. Entspanne dich bewusst, und stelle dir vor, wie dein Körper nach und nach mit Licht durchflutet wird (so können wir uns Energie am einfachsten vorstellen). Spüre, wie jede Zelle von Licht erfüllt wird. Als Letztes achte ganz besonders darauf, wie dieses Licht hinter deinen geschlossenen Augenlidern flimmert und gelegentlich aufblitzt. Vertraue dieser Kraft! (Wenn du die Übung unter freiem Himmel machst, versuche danach, in die Sonne zu blinzeln, wie du es

als Kind getan hast.) Schaue dir diese Energie genau an, und fühle dich mit ihr im Innersten verbunden.

Das ist Prana, unsere Lebensenergie. Das ist der lebenswichtige Stoff für unsere Energiebahnen, die beispielsweise dafür zuständig sind, dass zwischen den Nervenenden, den Synapsen, die Energie überhaupt fließen kann, denn sie sind nicht physisch miteinander verbunden. Je entspannter und erdverbundener du dich fühlst, desto mehr Zugang gewinnst du zu dieser Kraft, und desto leichter wird es für dich auch, später mit dieser Energie zu arbeiten, sie bewusst zu lenken und sie für deine und die Heilung anderer zu nutzen.

Prana kann man fühlen

Prana kann man nicht nur sehen, man kann Prana auch fühlen. Dabei sind freilich deine Intuition und dein Vertrauen in dein Unterbewusstsein gefordert. Bei dieser Übung solltest du deinen Verstand ausschalten und nur deinem Bauchgefühl folgen.

Übung 2:
Einen Energieball formen

Stelle dich aufrecht hin, finde einen sicheren Stand, spüre die Erde unter und den Himmel über dir. Wenn du nun deine Hände zu je einer Halbschale formst und versuchst, diese zusammenzuführen, wirst du spüren, dass zwischen deinen Händen ein Widerstand existiert. Es ist, als würdest du einen unsichtbaren Ball in den Händen halten. Erspüre diesen Energieball intensiv. Erspüre das Gefühl in deinen Handflächen, das er verursacht. Breitet sich eine gewisse Wärme aus? Prickelt es in deinen Händen?

Je länger und öfter du das praktizierst, desto deutlicher wird der Widerstand zwischen deinen Händen werden. In Wirklichkeit aber

*verändert sich nichts, allein deine Wahrneh-
mung wird sensibler. Du hast dich deiner
Intuition, deinem Bauchgefühl anvertraut.
Und dadurch hast du ganz intensiv Prana
wahrgenommen.*

Prana hat an sich keine Form, ist aber als Energie *in* den Dingen und Wesen und als Energie *zwischen* den Dingen und Wesen erfahrbar. Wenn du dich auf diese Wahrnehmungsebene einlässt, wirst du immer mehr davon spüren und immer intensivere Erlebnisse mit dieser Energie haben. Diese gesteigerte Sensibilität der Lebensenergie gegenüber wird die weiteren Übungen in diesem Buch und die generelle seelenschamanische Arbeit für dich erleichtern.

Die Chakren – unser wichtigstes Energiesystem

Wir nehmen täglich etwa 60 Prozent unseres Energiebedarfes über unsere Chakren auf, indem wir die kosmische Energie über sie »anzapfen«. Unser Körper saugt Prana aus dem uns umgebenden Raum, wie eine Pflanze Sonnenlicht aufnimmt (Sonnenlicht ist ebenfalls Prana in einer ganz bestimmten Form).

Weitere 20 Prozent unseres Energiepotenzials liefert uns der Bewegungsapparat, den wir täglich mit mindestens einer halben Stunde körperlicher Ertüchtigung kräftigen sollten. Ein zügiger Spaziergang an der frischen Luft ist hier schon ausreichend.

Weitere 20 Prozent unseres Energiebedarfs liefert die Ernährung. Nach dieser Rechnung könnten wir, rein theoretisch, ohne Essen und Trinken auskommen, wenn unsere Chakren tadellos funktionieren.

Der hohe Anteil unseres Energiebedarfs, der durch die Aufnahme von Prana gedeckt wird, lässt uns die Tragweite davon erkennen, was geschieht, wenn das eine oder andere Chakra nicht richtig arbeitet, weil es in seiner Wirkungsweise gestört wurde: Uns fehlt ein riesiges Energiepotenzial, das sich nicht ohne Weiteres ausgleichen lässt!

Eine saubere Funktion unserer Chakren ist also überaus wichtig, um das Leben aktiv leben zu können und nicht von ihm überfordert zu werden.

Die Übersetzung von »Chakra« mit »Rad« trifft nur vage die Vorstellung, auf die ich hier eingehen möchte.

Gemeint ist vielmehr ein »sich drehendes Rad«, was man sich, technisch gesprochen, wie eine kleine Turbine in einem Generator oder einem Transformator vorstellen kann: Es zieht Energie aus dem Kosmos an und wandelt diese in für uns nutzbare Energie um.

Chakren sind eine Art Kraftwirbel, die einerseits im Austausch mit dem universellen Energiefeld stehen, andererseits in einem komplexen System miteinander verbunden sind. Jedes Chakra beeinflusst die Energie der anderen Chakren, denn die Lebensenergie fließt nicht in voneinander abgetrennten Bereichen unseres Körpers, sondern durchströmt ihn als zusammenhängendes Ganzes. Ist ein Chakra aus dem Gleichgewicht geraten, beeinträchtigt es auch die anderen Chakren und verringert so die Aufnahme von Prana, der universellen Lebenskraft, und damit die Vitalität des Menschen.

Um noch einmal ein paar der traditionellen indischen Begriffe ins Spiel zu bringen: Die sieben Hauptchakren, die im Prinzip entlang der vertikalen Achse des menschlichen Körpers aufgereiht sind, haben zwischen dem Wurzel- und dem Scheitelchakra eine energetische Verbindung, die aus der erwachten Kundalini-Kraft besteht. Die Kundalini-Kraft bewegt sich in drei vertikalen Energiesträngen, die ich eingangs schon erwähnte: Der Hauptstrang, der Sushumna-Kanal, der normalerweise unmittelbar die Wirbelsäule entlang verläuft, wird von den beiden anderen Strängen, Ida und Pingala, locker umwunden. Mit der Energie dieses »Drei-Stränge-Systems« steht und fällt die Vitalität des Menschen.

Wie man aus alten Überlieferungen weiß, transportieren die sieben Hauptchakren die Urkraft der Fruchtbarkeit, der Liebe und der emotionalen Bedürfnisse in das Energiezentrum der Eigenliebe – unser Herz. Nur wenn im Herzen Harmonie herrscht, ist der Mensch in der Lage, die geistigen Kräfte, die über das Scheitelchakra empfangen werden, in sich aufzunehmen und als eigene Fähigkeiten zu entwickeln und umzusetzen. Kurz gesagt: Um Liebe, Weisheit und Mitgefühl wirklich leben und in die Welt bringen zu können, bedarf es der Kraft, die durch alle Chakren in den Körper gebracht wird.

Die Bedeutung und das Heilpotenzial der Chakren wurden in den Lehren der indianischen Schamanen und Heiler an wenige Auserwählte weitergegeben. Ein gesundes, richtig funktionierendes Chakra wird darin als sich im Uhrzeigersinn drehend beschrieben (wenn man die Person von vorne sieht), wobei die Energie aufwärts zum nächsten Chakra gezogen wird. (Eine Besonderheit sollte man aber nicht außer Acht lassen: Die Drehrichtung der Chakren verkehrt sich jenseits des Äquators ins Gegenteil. Für unsere Arbeit in Europa ist das jedoch nicht von Belang.)

Der Schamane begründet die Drehweise der Chakren folgendermaßen: »Schau, was die Natur dir zeigt – alles, was sich rechtsherum dreht, bringt dir Kraft und Energie; alles, was sich linksherum dreht, schüttelt die Energie ab oder zieht sie von dir weg.« (Mit dieser Rechts-links-Einordnung arbeiten übrigens auch die meisten europäischen magischen Systeme.)

Wir Menschen besitzen also sieben Hauptchakren. Ganz unten liegt das Wurzelchakra, ganz oben das Scheitelchakra. Neben diesen klassischen Hauptchakren gibt es sieben geistige Chakren (im Seelenschamanismus das achte bis vierzehnte Chakra), die in Zehn-Zentimeter-Abständen vom siebten Chakra an in die Höhe reichen. Daneben gibt es weitere sieben Erdungschakren, die vom Wurzelchakra in Abständen von ebenfalls jeweils zehn Zentimetern in die Erde führen. In diesem Sinne sind die Chakren von der Erde durch den Menschen hindurch in den Himmel angeordnet – eine Verbindung, die für das indianische Verständnis äußerst wichtig ist. In jedem einzelnen Menschen sind Vater Himmel und Mutter Erde vereint.

Um den Menschen in seiner Ganzheit zu erfassen, werden noch weitere Energiezentren mit einbezogen, beispielsweise die leicht zu erspürenden Handchakren, die das Wechselspiel von Geben und Nehmen repräsentieren. In unserer Übung mit dem Energieball haben wir schon Kontakt mit diesen speziellen Chakren aufgenommen. In einer Heilarbeit, die mit dem Auflegen der Hände arbeitet, sind diese Chakren beteiligt, da sie sowohl sehr gut negative Energien erspüren als auch positive Energien senden können.

In beiden Handflächen befindet sich zudem jeweils ein Herznebenchakra. Die Nebenchakren des Wurzelchakras finden wir in beiden Knien und in beiden Fußsohlen. Insgesamt haben wir nach indischer

Überlieferung – um wieder einmal eine verblüffende Zahl ins Feld zu führen – 888 Nebenchakren.

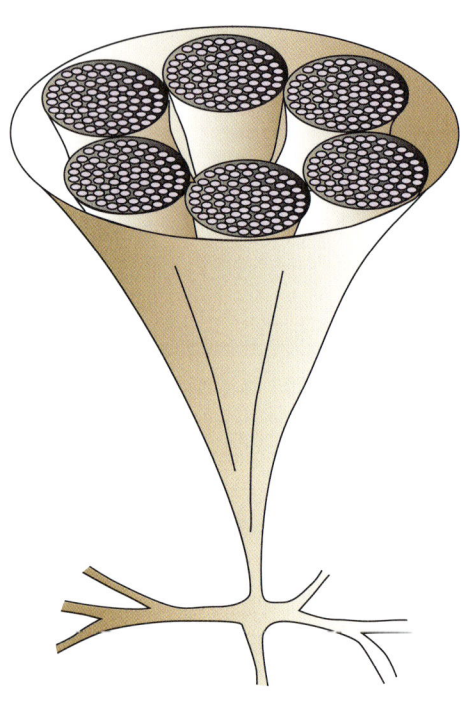

Aufbau eines Chakras

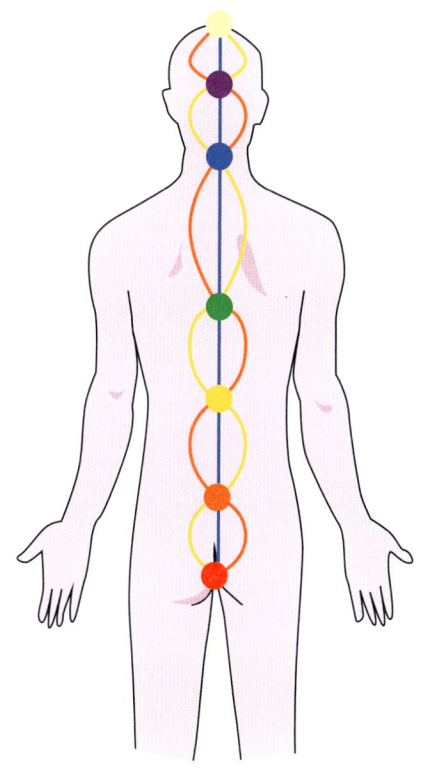

Lage der Chakren

Bevor wir uns den Chakren und ihren Aufgaben im Einzelnen zuwenden, sollten wir noch einen kurzen Blick auf den Aufbau eines Chakras werfen.

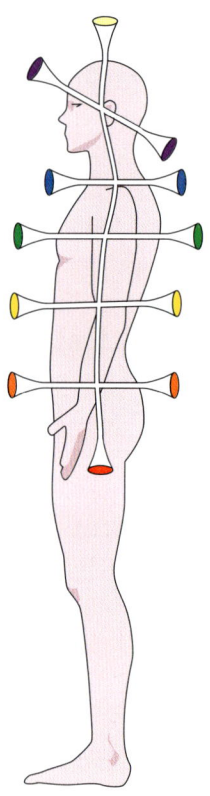

Trichterform der Chakren

Chakren sehen aus wie Trichter oder Energiekegel, die aus einer Anzahl kleinerer Energiekegel bestehen. So ein Trichter ist an seiner engsten Stelle mit der Kundalini verbunden. Die Trichterhöhe beträgt etwa eine gute Handspanne, das entspricht dem Abstand zwischen Daumen und der Fingerspitze des kleinen Fingers bei gespreizter Hand. Da bei jeder Person dieser Abstand unterschiedlich ist, ist auch der Trichter der Chakren bei jedem unterschiedlich groß. Den Aufbau eines Chakras kann man sich in etwa so vorstellen: In jedem Chakra befinden sich mehrere kleine, rotierende Wirbel. Jeder Wirbel ist wie ein kleiner Hurrikan, der die Aufgabe hat, durch die Sogwirkung Prana in die Sushumna entlang der Wirbelsäule zu ziehen. Darum ist es auch unerlässlich, dass diese Chakren eine bestimmte Länge haben, denn nur dadurch erreicht der Trichter am Ende des Chakras die erforderliche Öffnung, um Lebensenergie in ausreichender Menge aufzunehmen und in die Sushumna zu transportieren.

Diese Bilder sind für die eigentliche Arbeit nicht wirklich entscheidend, jedoch können sie eine gute Unterstützung bei den Visualisierungen bieten, mit denen wir arbeiten werden.

Die sieben Chakren

Sehen wir uns nun die Chakren im Einzelnen an, um ein Gefühl für ihre Aufgaben und ihre Besonderheiten zu bekommen!

1. Chakra, das Wurzelchakra

Am unteren Ende der Wirbelsäule, in der Nähe des Steißbeins, liegt das Wurzelchakra. Es steht in Beziehung zur physischen Energie, zum Leben in der materiellen Wirklichkeit, und ist in besonderer Weise mit der Erde verbunden, mit unserem erdhaften Dasein. Ein gut funktionierendes Wurzelchakra erdet und verwurzelt uns. Von hier aus finden wir einen festen Stand – sowohl im wörtlichen als auch im übertragenen Sinn.

Das Wurzelchakra steuert vorwiegend den unteren Bereich unseres Körpers. Wenn dort die Energie nicht richtig fließt, kann dies Einfluss auf dein Gehverhalten nehmen. Möglicherweise stolperst du dauernd, fühlst dich unsicher auf deinen Beinen oder stößt dir die Zehen an irgendwelchen Hindernissen. Du hast Probleme mit deinen Beinen, sie sind permanent geschwollen. Du hast möglicherweise Schmerzen in den Fußgelenken oder Knieprobleme. Alles, was mit den Beinen zu tun hat, dein ganzer Bewegungsapparat, die Art und Weise deiner Fortbewegung – im Wurzelchakra finden wir den seelischen Hintergrund, der diesen Bereich blockieren kann.

Hier ein paar Beispiele für seelische Ursachen von Blockaden des Wurzelchakras: Du hast Angst und läufst ständig vor etwas davon. Du möchtest nicht, dass etwas Unangenehmes aus deiner Vergangenheit dich einholt: Verdrängte Schuld, verdrängte Traumata, verdrängter Schmerz – all das kann im wahrsten Sinne des Wortes »hinter dir her« sein. Du hegst den Gedanken, dass du ständig für andere unterwegs bist. Vielleicht hast du das Gefühl, dass du oft Arbeit übernehmen musst, die eigentlich deine Kollegen erledigen sollten. Vielleicht musst du dich auch um Menschen kümmern, von denen du meinst, dass sie eigentlich längst auf eigenen Beinen stehen könnten. Vielleicht macht dir diese unverhältnismäßige Verantwortung Angst und bringt dich buchstäblich ins Stolpern.

All das sind Energien aus deinem Unterbewusstsein, die dein Wurzelchakra blockieren können. Wenn dieses Chakra durch die Ängste aus deinem Unterbewusstsein blockiert wird, dann blockiert dies wiederum deinen Bewegungsapparat.

Alle diese Gedanken, die mit Fortbewegung zu tun haben – ob du vor etwas davonläufst oder ob du für jemanden herumrennen musst –, steuern dich unbewusst.

Zum einen kommen sie aus deinem schattenhaften Unterbewusstsein: Das sind Ängste aus deinen früheren Leben, die immer noch in dir wirken, weil sie niemals wirklich aufgelöst wurden.

Zum anderen kommen sie aus deinem Vertrautheitsgedächtnis, in dem alles gespeichert ist, was du in diesem Leben erfahren und wahrgenommen hast.

Wenn du dich weigerst, diese Ängste wahrzunehmen, ihnen zu begegnen und entgegenzutreten, funktioniert dein Wurzelchakra nicht richtig. Es hindert dich daran, dich fortzubewegen, deinen Weg zu gehen.

Funktioniert es aber, so schenkt es dir die Kraft der aufgehenden Sonne in einem reinen, feurigen Rot. Bildlich gesprochen beginnt mit dem reibungslos funktionierenden Wurzelchakra ein neuer Tag, unbelastet und frei, der es uns erlaubt, unsere Schritte so zu setzen, wie wir es möchten – in wirklichem Kontakt mit der Erde unter unseren Füßen. Dieser Kontakt sorgt auch dafür, dass wir auf unserem spirituellen Weg nicht »abheben« und uns ausschließlich Luftschlössern hingeben, sondern geerdet bleiben.

Achten wir also auf die gute Funktion unseres Wurzelchakras, die uns an der Schwingung der Mutter Erde teilhaben lässt und die Voraussetzung für ein gut funktionierendes Energiesystem und unser Wohlbefinden schafft.

2. Chakra, das Nabelchakra

Das 2. Chakra befindet sich etwa zwei Fingerbreit unter dem Bauchnabel. Durch dieses Chakra werden tiefe Gefühle wahrgenommen, die mit einer physischen Manifestation verbunden sind. Es steuert die sexuelle Energie, wobei diese weit mehr als körperliche Lust umfasst.

Dieses Chakra ist auch für die Energieversorgung der Organe im Beckenbereich, zum Beispiel der Geschlechtsorgane, zuständig. Da es sich in unmittelbarer Nähe zum Hara (dem Sitz des Inneren Kindes/der Inneren Frau/des Inneren Mannes) befindet, einem Ort der Kraft, des instinktiven Handelns und der Zentrierung in uns selbst, spielt es eine wichtige Rolle bei der Verteilung des Prana.

Die Farbe des Nabelchakras ist ein sanftes Orange. Die Sonne steigt vom Wurzelchakra (dem intensiven Feuerrot) in einen jungen Morgen auf.

Das Nabelchakra steht in engem Bezug zur Männlichkeit und zur Weiblichkeit, zur Anziehung zwischen den Geschlechtern und zur Sexualität.

Die Männlichkeit lässt uns unter dem Einfluss des Wurzelchakras, der Fortbewegung, noch immer dem Trieb des Jagens folgen. Die Form des Jagens hat sich in unserer zivilisierten Gesellschaft zwar verändert, denn heute jagen wir in den seltensten Fällen noch wilde Tiere, um die Sippe mit Nahrung zu versorgen. Unsere Jagdtrophäen sind vielmehr Geld, Statussymbole und die damit verbundene Anerkennung. Wir jagen einem gesicherten Lebensstandard hinterher, sexuellen Beziehungen, in denen wir uns bestätigt fühlen dürfen und manchmal sogar geliebt werden.

Andererseits geht es beim weiblichen Aspekt um ein erfülltes Liebesleben, Kinder und Familie. Im Nabelchakra ist eine instinktive Fürsorge verortet, natürliche Muttergefühle für den inneren Kreis aus Vertrauten und Verwandten.

Schwierigkeiten diese Themen betreffend führen zu körperlichen Problemen im Bereich des Unterleibes, bei Frauen vorwiegend in der Gebärmutter, bei Männern im Bereich der Prostata.

Doch dieses Chakra steht noch mit einem weiteren wichtigen Aspekt unseres Lebens in Bezug: Vor allem hat es mit Gefühlen der Wertigkeit zu tun. Im Schamanismus sprechen wir deshalb auch vom Wertigkeitschakra.

Aus diesem Chakra beziehen wir unser gesundes Selbstbewusstsein und unser Vertrauen in unsere eigenen Fähigkeiten. Es kann aber auch der Ursprung von negativen Urteilen über uns selbst sein: »Ich bin nichts wert, ich tauge zu nichts. Ich verdiene nicht genug Geld. Ich kann keine Kinder bekommen, ich bin wertlos. Ich bringe es nicht, ich kann nichts, ich bin nichts Besonderes, ich habe keine Gabe.« Und so weiter, und so weiter … Viele von uns kennen diese endlosen Selbstanklagen zur Genüge.

Auch hier können die Ursachen entweder im schattenhaften Unterbewusstsein liegen, also aus früheren Leben mitgebracht worden sein, oder aus dem Vertrautheitsgedächtnis stammen, das die Erfahrungen aus diesem Leben gespeichert hat. Wenn einer Frau zum Beispiel in der Kindheit immer wieder suggeriert wird, dass eine Frau, die keine Kinder bekommen kann, nichts wert sei, dann setzt sich dieser Gedanke im 2. Chakra fest und blockiert es. Diese Blockade hat körperliche Folgen für die Frau, die das in der Kindheit verinnerlichte Urteil nun auf sich selbst bezieht und es gewissermaßen selbst bestätigt und verstärkt.

Der Gedanke kann diese Frau in ihrem Unterbewusstsein derart blockieren, dass sich die Schwierigkeiten auf ihr Nabelchakra übertragen und sie fortan Probleme im Unterleib hat. Wenn der Energiefluss des Chakras harmonisiert wird, indem es freigelegt, an-

gedreht und mit den anderen Chakren in Harmonie gebracht wird, dann steuert es dem Unterbewusstsein entgegen, und die Ängste und Selbstverurteilungen verschwinden. Auch die körperlichen Schwierigkeiten bessern sich dann.

Kinderlosigkeit bzw. Zeugungsunfähigkeit können ihre Ursache aber auch in Schockerlebnissen während der ersten sieben Lebensjahre haben oder in Vorkommnissen begründet liegen, die sich noch während der Zeit im Mutterleib zugetragen haben.

Auch diese durch ein Schockerlebnis hervorgerufenen, tief sitzenden Ängste (hier wird oft unbewusst die Zeugung bzw. Empfängnis eines Kindes mit dem Auslöschen der eigenen Existenz verknüpft) führen zu Blockaden im Nabelchakra, die aufgelöst werden können, sodass wieder die Möglichkeit besteht, dass eine Frau schwanger bzw. ein Mann zeugungsfähig wird.

Wenn dein Nabelchakra energetisch richtig arbeitet, wenn die Energie ungehindert fließt und Blockaden geistig gelöscht wurden, dann sendet es die Info: Hier ist alles im grünen Bereich! Dadurch kann man Krankheiten wie Gebärmutterkrebs, Prostatakrebs und weitere Unterleibsprobleme positiv beeinflussen.

So, wie Ängste die Chakren beeinflussen, können die Chakren ihrerseits die Ängste beeinflussen. Wenn man die entsprechenden Chakren reinigt, wieder harmonisiert und andreht, dann löscht die Energie der Chakren die Ängste, sodass diese auch in Zukunft keinen negativen Einfluss auf den Körper mehr nehmen können.

Die Harmonie der Chakren herzustellen, ist deshalb eine in jedem Belang äußerst wichtige Arbeit.

3. Chakra, das Solarplexuschakra

Das 3. Chakra, auch Manipura-Chakra genannt, sitzt etwa zwei bis vier Fingerbreit über dem Bauchnabel. Es ist der Sitz der Persönlichkeit. Von hier werden Zufriedenheit und Vertrauen gesteuert.

Dieses Chakra weist die dichteste und gleichförmigste Schwingung auf, die im feinstofflichen Energiesystem anzutreffen ist. Die Farbe für dieses Chakra ist das Gelb der weiter aufsteigenden Sonne. Eine Sonne, auf deren Wärme Verlass ist, die Beständigkeit ausstrahlt.

Alle energetischen Blockaden im Magen- und Darmbereich können in diesem Chakra wahrgenommen werden, und es ist auch der Sitz unseres sogenannten Bauchgefühls.

Dieses Bauchgefühl wird auch mit Kommunikation assoziiert, denn es steht in enger Verbindung mit dem 5. Chakra, dem Halschakra, Ort unserer Sprache, des Ausdrucks unseres Denkens.

Wenn du nicht in deiner Mitte, in deinem 3. Chakra bist, wenn du dauernd nur schluckst und nicht sagst, was du denkst, ist hier der Energiefluss blockiert. Ängste haben sich dann hier breitgemacht:

Ängste, das Falsche zu sagen, falsch zu sein, ohnehin nicht angehört zu werden, sich lächerlich zu machen, egoistisch zu erscheinen etc.

Menschen, die ständig nur schlucken, bekommen Magen- und Darmprobleme, oft sogar Magen- oder Darmkrebs. Sie leiden unter Sodbrennen – es stößt ihnen sauer auf, wie man im Volksmund treffend sagt. Durch eine Blockade im 3. Chakra ist es Menschen gar nicht möglich, sich selbst auszudrücken und zu sagen, was sie denken. Die Angst hat sie fest im Griff.

Ich weiß, es klingt gewagt, aber meine Erfahrungen haben es mir deutlich gezeigt:

Wenn der Energiefluss wieder stimmt und die Verbindung zum 5. Chakra wiederhergestellt ist, sind diese Leute oft noch in derselben Sekunde nicht mehr anfällig für Magen- und Darmprobleme!

Wenn du in deiner Kindheit die Erfahrung gemacht hast, dass die Erwachsenen dich mit Sätzen bombardierten wie »Das sagt man nicht. Darüber spricht man nicht. Sei gefälligst ruhig! Widersprich nicht, wenn man dir etwas sagt!«, dann wirst du später, da dein Vertrautheitsgedächtnis diese Sätze sorgfältig gespeichert hat, immer wieder zu dir selbst sagen: »Sei ruhig, widersprich nicht!« Und du wirst nicht reden, nicht sagen, was du denkst, was du fühlst, wie es dir ums Herz ist, sondern du wirst schlucken, dich nicht wahrgenommen, nicht gesehen fühlen. Deine eigene Meinung kundzutun, ist mit immensen Verlustängsten verbunden: »Wenn ich sage, was ich denke, wird mich mein Chef entlassen. Wenn ich meine Gefühle äußere, wird mein Freund mir den Laufpass geben. Wenn ich für mich selbst einstehe, wird meine Familie zerbrechen.«

So steuern nicht wir unser Verhalten, sondern wir werden vielmehr von der Angst beherrscht und gesteuert. Eine gewisse Schwermütigkeit bis hin zur Depression kann die Folge auf psychischer Ebene sein.

Auch hier gilt es wieder, die Energie des Chakras anzukurbeln, es durch Reinigung und Andrehen in Betrieb zu nehmen. Dann schluckst du nicht mehr, sondern wirst sagen, was du denkst und fühlst. Du wirst deinem Bauchgefühl vertrauen und dich nicht mehr von der Angst steuern lassen. Deshalb ist es wichtig, dass die Verbindung des 3. Chakras zum 5. Chakra immer wieder in Harmonie gebracht wird.

4. Chakra, das Herzchakra

Der Sitz des 4. Chakras ist die Herzgegend, in der Höhe des achten Brustwirbels, oberhalb des Solarplexus. Das 4. Chakra, auch Anahata-Chakra genannt, ist die Eingangspforte für den Astralkörper und zugleich Steuerungsmechanismus für das emotionale Leben. Es steuert die Qualität und die gegenseitige Beeinflussung von Freude, Angst, Wut und Schmerz. Vor allem aber ist es das Chakra der Liebe und des Mitgefühls.

Die Farbe des Herzchakras ist Grün: das blühende Leben, das von der Sonne beschienen, gewärmt und genährt wird.

Sollte der Energiefluss in deinem Herzchakra blockiert sein, bist du nicht in der Lage, liebevoll zu handeln und in der Welt zu wirken. Das Herzchakra steuert auch die Herznebenchakren in deinen Handflächen. Wenn du in der Liebe blockiert bist, weil die Energie in deinem Herzchakra und deinen Herznebenchakren nicht richtig zu fließen vermag, treten an die Stelle der Liebe Wut, Hass und Abneigung.

Vielleicht hast du es ja selbst schon erfahren, dass Dinge schiefgehen oder gar komplett scheitern, wenn du sie mit Abneigung verrichtest. Wenn dein Herz nicht mit der Arbeit fließt, wenn deine Hände nur widerwillig etwas Bestimmtes tun, dann hemmt etwas dein Vorankommen in dieser Tätigkeit. Die Arbeit verliert ihre Leichtigkeit, ihre Freude. Dinge fallen dir aus den Händen, funktionieren nicht mehr, du verlierst die Kontrolle darüber. Das sind Anzeichen dafür, dass dein Herzchakra und deine Herznebenchakren nicht richtig funktionieren.

Das Herz versorgt alle Organe deines Körpers mit Blut und Sauerstoff, und über das Herz läuft auch die Liebe. Wenn aber das Blut, das deine Organe versorgt, nicht von Liebe erfüllt ist, kannst du auch nicht mit Liebe agieren.

Eine Blockade im Herzchakra hat mannigfaltige Folgen. Du bekommst Angst. Wut, ja sogar Hass macht sich breit. Du wirst depressiv, ziehst dich zurück, traust dich nicht mehr unter die Leute, gibst für alle Schwierigkeiten, die dir begegnen, anderen die Schuld.

Wenn du aber in der Liebe bist, dann öffnen sich alle Türen für dich. Dann kannst du tun und lassen, was du willst. Es geschieht in Liebe, und somit ist alles in Ordnung. Du hängst nicht am Ergebnis, sondern genießt das wie von selbst fließende Tun.

Deshalb ist das Herzchakra eines der wichtigsten Chakren. Es verteilt die Energie im ganzen Körper, versorgt alle deine Organe, durchströmt dich mit Liebe und Freude.

So hat das Herzchakra auf alles Einfluss, denn man geht mit Liebe und Freude anders durch die Welt als mit Hass oder Wut.

Angst, Hass und Wut *müssen* Dinge machen, Liebe und Freude *dürfen*. Das ist ein immenser qualitativer Unterschied! Wenn wir uns bewusst machen, alles – egal, was es ist – mit Liebe tun zu *dürfen*, dann öffnet sich das Herz. Die Dinge geschehen mit Leichtigkeit. Alles, was du durch die Öffnung deines Herzens nach außen sendest, kommt als positive Energie wieder zurück.

Hingegen bist du nicht in der Lage, Liebe zu senden, wenn dein Herzchakra nicht richtig arbeitet. Also wirst du auch keine Liebe erhalten. Das ist das Resonanzgesetz. Auch hier ist wieder eine Reinigung des Chakras angesagt – das gleiche System, dieselbe Methode.

Für mich in meiner Arbeit als Heiler ist es besonders wichtig, dass meine zwei Herznebenchakren, die in meinen Handflächen sitzen, richtig geöffnet sind. Ich muss in meiner Mitte sein, konzentriert im Hier und Jetzt, fähig, eine liebende Energie zu senden. Ich muss mich jenseits der Angst befinden. Denn nur wenn ich in Ruhe bin, in meiner ganzen Kraft, bin ich auch in der Lage, durch meine Herznebenchakren Liebe fließen zu lassen.

Wenn zum Beispiel eine Frau mit einem kleinen Mädchen schwanger ist und der Mann sagt: »Lass es abtreiben, ich will kein Kind – und wenn überhaupt, dann nur einen Sohn«, so hat dieses Kind keine Liebe erfahren.

Das Herzchakra der Mutter hat sich damals durch die fehlende Liebe ihres Mannes verschlossen, was sich auf das Kind übertragen hat. In solch einem Fall wird es unbewusst vom Vertrautheitsgedächtnis gesteuert. Es kann geschehen, dass sich dieses immer, wenn es später als herangewachsene Frau einen Mann trifft, meldet und die Botschaft sendet: »Männer sind grundsätzlich Lumpen und absolut nicht vertrauenswürdig.« Durch diese Botschaft schließt sich augenblicklich das Herzchakra, und eine wirkliche Beziehung zu einem Mann wird nahezu unmöglich.

In unserem Vertrautheitsgedächtnis wird wirklich alles gespeichert, was wir erleben: jede Berührung, jeder Anblick, jeder Geruch ... und vor allem jede traumatische Erfahrung.

Ein Beispiel für eine Erinnerung aus unserem schattenhaften Unterbewusstsein wäre vielleicht die unerklärlich erscheinende Angst, über einen offenen Platz zu gehen oder sich auf einem solchen Platz aufzuhalten. In der Psychotherapie spricht man hier von einer Agoraphobie. Manche Menschen bekommen in so einer Situation nahezu panische Angstzustände, ohne dass ihnen in diesem Leben jemals etwas Schlimmes auf solch einem Platz widerfahren wäre. Die Ursache könnte eine öffentliche Hinrichtung, eine öffentliche Anklage oder Demütigung sein, die sie in einem früheren Leben auf einem solchen offenen Platz erlebt haben.

Nur durch den funktionierenden Energiefluss in allen Chakren, der dann auch auf das Unterbewusstsein wirkt, verschwinden diese Ängste. Nur wenn du in deiner Mitte bist, kannst du dein Unterbewusstsein komplett steuern.

Das 5. Chakra, das Halschakra

Das 5. Chakra, auch Vishuddha-Chakra genannt, hat seinen Sitz unmittelbar am Halsansatz, im Bereich des Kehlkopfes, beim dritten Halswirbel. Dieses Chakra kontrolliert den gesamten Bereich von Hals, Rachen und Gesicht und bestimmt somit auch Gesichtsausdruck und Gestik. Es ist außerdem für den sprachlichen Ausdruck verantwortlich.

Die Farbe für das Halschakra ist blau: der weite Himmel, von der Sonne erleuchtet, offen und grenzenlos.

Im Seelenschamanismus sprechen wir vom Kommunikationschakra. Alles, was mit Kommunikation, Ausdruck und Sprache zu tun hat, kommt hier zum Tragen.

Energieblockaden in diesem Chakra zeigen sich in unseren Äußerungen, die ein gestörtes Selbstwertgefühl, ein vermindertes Selbstbewusstsein offenlegen.

Das 5. Chakra steht in direkter Verbindung zum 3., dem Solarplexuschakra – beide zusammen haben mit der Freiheit unseres Selbstausdrucks zu tun. Freiheit in diesem Sinne bedeutet: »Ich sage, was ich denke. Ich spreche aus, was ich fühle. Ich schlucke nicht mehr herunter, was ich aussprechen will. Kommunikation ist Freiheit! Ich lebe mich.«

Blockaden im 5. Chakra können Erkrankungen der Schilddrüse, des Kehlkopfes und der Speiseröhre auslösen. Ebenso sind sie auf einer weiteren Ebene verantwortlich für Probleme in der Beweglichkeit des Nackens und des Kopfes. Wenn Menschen ihren Kopf nicht mehr drehen können, dann liegt es oft daran, dass ihre Seele nicht bereit ist, sich umzuschauen. Alte Verletzungen und Ängste hindern die Seele daran, sich den Verlauf des eigenen Lebens anzusehen. Die Vergangenheit wird ausgeblendet, die Seele kommuniziert nicht mehr mit ihrer eigenen Geschichte dieses Lebens. Der Blickwinkel ist im wahrsten Sinne eingeschränkt.

Wenn das 5. Chakra wieder in Harmonie gebracht wird, dann kann die Seele wieder bereit werden, sich umzuschauen, das Vergangene anzunehmen und die Blockade dadurch aufzulösen.

Das 6. Chakra, das Stirnchakra

Der Sitz des sechsten Chakras, das auch als Ajna-Chakra bezeichnet wird, ist zwischen den Augenbrauen, in der Mitte der Stirn. Es wird auch das Dritte Auge genannt. Von diesem Chakra wird nicht nur das physische Sehvermögen gesteuert, sondern auch die Einsicht in die höheren geistigen Ebenen in Form von Hellsichtigkeit und anderen Formen der Wahrnehmung. Es ist der Sitz der göttlichen Intelligenz. Mithilfe dieses Chakras berühren wir das Schöpferische, entwickelt sich die geistige Intuition, das Sehen und Erkennen mit dem Dritten Auge.

Die Farbe für das 6. Chakra ist Indigo bzw. Lila: die höheren Sphären, in denen das Licht der Sonne besonders intensiv ist.

Eine Besonderheit dieses Chakras ist es, dass es das einzige Chakra ist, das schräg im Körper sitzt. Auf der Abbildung auf Seite 28 kann man sehen, dass es in der Stirn, dem Dritten Auge, beginnt und dann nach unten durch den Kopf bis zur Nackengegend verläuft.

Dieses Chakra ist mit unserer Intuition verbunden, mit dem Wissen, das jenseits unseres Denkens aufscheint. Hier ist die Anbindung an das Göttliche verortet, hier werden uns Einsichten geschenkt, die wir mit unserem Intellekt nur schwer fassen können. Wenn dieses Chakra richtig arbeitet, bist du in der Lage, mit dem Dritten Auge zu »sehen« – ein Sehen, das weitaus tiefer reicht, als es uns unsere physischen Augen ermöglichen. Lasse uns das gleich praktisch ausprobieren!

Übung 3:
Das Dritte Auge trainieren

Setze dich im Abstand von etwa 2 Metern vor eine andere Person. Schaue diese Person für 1 bis 2 Minuten ganz genau an. Versuche, dich aber nicht zu sehr zu konzentrieren, sondern lasse deinen Blick entspannt auf ihr ruhen.

Nun schließe deine Augen. Was siehst du jetzt? Was nimmt dein Drittes Auge wahr? Sind da immer noch die Umrisse der Person zu erkennen? Welche Farben kannst du wahrnehmen?

Lasse dich von deiner Intuition, von deiner Anbindung an die geistige Welt überraschen …

Durch die Erfahrungen, die wir mit solchen und anderen Übungen machen, können wir lernen, auf unsere Intuition zu vertrauen. Und wer darin geübt ist, ist auch in der Lage, die Aura seines Gegenübers wahrzunehmen. Die Anbindung an höhere geistige Bereiche macht es möglich.

Alles, was ist, strahlt eine Schwingung aus, für die das Dritte Auge ein geeigneter Empfänger ist. Von ihm wird aus den Schwingungen ein Bild erzeugt. Deshalb sage ich immer in Anlehnung an den Slogan eines Fernsehsenders: Mit dem Dritten sieht man besser!

Blockaden im Stirnchakra machen sich oft durch Kopfschmerzen bemerkbar oder äußern sich in Augendruck, chronischer Stirnhöhlenvereiterung u. Ä.

Grund für diese Schwierigkeiten kann eine zu starke Fixierung auf den Intellekt sein, der Glaube daran, dass alles auf dieser Welt für den Verstand erklärbar sei. Wenn uns als Kind immer wieder gesagt wurde, dass wir nicht Tagträumen nachhängen sollten, dass wir vernünftig sein sollten, dass wir dem Ernst des Lebens begegnen sollten, dann kann auch das eine Ursache für eine Blockade im 6. Chakra sein. Wenn uns niemand Glauben schenkte, dass das, was wir sahen (Geistwesen, Tiergeister etc.) real sei, dann haben wir unter Umständen selbst den Glauben an uns verloren, und das Stirnchakra verschloss sich, der Energiefluss kam zum Erliegen. Eine gänzlich materialistische Weltsicht (oftmals die Folge einer angeblich auf Vernunft basierenden Erziehung) ist ebenfalls ein Grund für eine Blockade in diesem Bereich.

Menschen, die spirituell arbeiten, die sich spirituell weiterentwickeln, werden immer dafür sorgen, dass der Energiefluss ihres 6. Chakras nicht stagniert.
Sie sind dann in der Lage, mit der göttlichen Anbindung diese Energie wahrzunehmen und zu deuten. Aber nicht, indem sie ihre eigenen Gedanken und Überlegungen projizieren, sondern, indem sie ganz auf die Informationen vertrauen, die sie durch ihre göttliche Anbindung erhalten.

Diese Informationen sind die wichtigste Grundlage meiner eigenen seelenschamanischen Arbeit: Wenn ich meine Augen schließe, bin ich in der Lage, deine Energie aufzunehmen, die in meinem Unterbewusstsein ein Bild erzeugt. Dieses Bild entsteht einerseits durch das, was ich mit meinem Dritten Auge an Schwingung von dir wahrnehme, also das, was du aus deinem Energiefeld sendest. Andererseits erhalte ich Informationen über mein 7. Chakra durch die göttliche Anbindung nach oben. Zusammengenommen erzeugen deine Schwingungen und die Informationen aus der geistigen Welt bei mir ein Bild. Dadurch bin ich in der Lage, zu sehen, ob sich in deinem Energiefeld beispielsweise ein Fluch festgekrallt hat oder eine Besetzung an dir haftet, ob sich ein energetisches Problem im Magen-Darm-Bereich zeigt oder ob eine Schulterblockade dich einschränkt.

Das geht freilich nicht von heute auf morgen. Es bedarf sehr, sehr viel Übung, bis man so weit ist, diese feinstofflichen Schwingungen aufnehmen zu können. Es ist nötig, auf der schmalen Grenze zwischen Konzentration und Loslassen zu agieren, sich auf der einen Seite zu fokussieren, auf der anderen zuzulassen, dass die Dinge von selbst geschehen. Zudem sollte man selbst weitestgehend von Blockaden befreit sein.

Man kann die Chakren allerdings noch auf eine andere Weise wahrnehmen, die weniger mit Sehen als vielmehr mit dem reinen Fühlen zu tun hat. Ich möchte dir hier eine weitere Übung vorstellen, mit der du arbeiten kannst. Sie bezieht sich mehr auf deine Herznebenchakren in den Handflächen als auf dein Drittes Auge. Ich schließe sie hier an, damit du erkennst, wie vielfältig die Wahrnehmung unseres Energiesystems sein kann.

Übung 4:
Chakren intuitiv fühlen

Stelle dich seitlich neben eine Person. Reibe nun zunächst deine Handflächen aneinander, um die Sensitivität in ihnen zu stärken. Nun hältst du deine Hände vor und hinter den Bereich des Herzchakras. Im Bereich des Chakras wirst du vor der Brust und hinter dem Rücken einen gewissen Widerstand erspüren. Diesen Widerstand kannst du energetisch erfassen, wenn du dich geistig darauf ausrichtest, das Herzchakra zu ertasten. Du konzentrierst dich auf das Chakra. Die Person, mit der du arbeitest, sendet nun über ihr Herzchakra eine feinstoffliche Energie ab, die du mit deinen Händen fühlen kannst. Sie stößt in deiner Handfläche auf deine Energie. Der Zusammenprall dieser beiden Energien erzeugt in deinem Unterbewusstsein ein Stopp-Signal, und deine Hand bleibt stehen. Das ist das Zeichen, dass sich in diesem Abstand tatsächliche das Chakra der anderen Person befindet.

Du bewegst deine Hand hin und her und gibst dann deinem Unterbewusstsein eine kurze Bestätigung: »Ich habe es registriert.«

Nun konzentrierst du dich auf die Länge des Chakras. Sollte der Abstand vom Körper nicht mindestens eine Handspanne betragen, so stellst du dir vor, den Trichter sowohl im vorderen als auch im hinteren Bereich in die richtige Länge zu ziehen. Das Ergebnis hältst du in Gedanken für einen kurzen Moment fest und überprüfst es anschließend, indem du erneut den Abstand ertastest bzw. erspürst. Wenn das Chakra eine ausreichende Länge aufweist, ist es fähig, Energie aufzunehmen und in den Körper zu leiten.

Das gleiche Verfahren lässt sich auch für alle anderen Chakren anwenden, vom Scheitelchakra bis zum Wurzelchakra. (Beim Wurzelchakra gibt es allerdings eine kleine Besonderheit, die man beachten sollte: Sobald du beginnst, mit dem Wurzelchakra zu arbeiten, das normalerweise nach unten geöffnet ist, verändert sich seine Position, und es lässt sich, wie bei den anderen Chakren, eine Öffnung nach vorn und nach hinten erspüren. Es ist komplizierter zu beschreiben, als es in Wirklichkeit ist. Wenn du es praktisch erprobst, wird sich alles von selbst erklären.)

In meinen Seminaren mache ich häufig die Erfahrung, dass meine Teilnehmer glauben, sie müssten die Chakren fühlen, als bauten diese sich als eine Art Luftmauer vor ihnen auf, die man greifen kann. Aber wirklich fühlen kann ich ein Chakra nur, wenn ich den Widerstand geistig wahrnehme. Das ist die Kunst, sich von seiner Intuition führen zu lassen.

Das 7. Chakra, das Scheitelchakra

Der Sitz des 7. Chakras, des Scheitel- oder Sahasrara-Chakras, ist auf dem Kopf, direkt am Scheitel. Dem Scheitelchakra ist die Epiphyse zugeordnet. Es ist das Chakra, das zuletzt erwacht, und entspricht deshalb der höchsten Ebene spiritueller Vollendung.

Hier ist die Farbe Weiß oder Violett: das klare, direkte Licht der Sonne.

Das 7. Chakra ist die geistige Anbindung nach oben. Wenn es richtig funktioniert, dann bekommst du aus der geistigen Welt, von welchen Wesen auch immer, die Informationen, die dein Körper braucht, um in seiner Mitte, in Harmonie und nicht in Angst zu leben. Diese direkte Anbindung schafft Vertrauen zu uns selbst, in die Welt, in das große Ganze. Das Gefühl der Getrenntheit, das viele Menschen umtreibt und sie zu allerlei Ersatzbefriedigung drängt, schwindet und weicht einem Bewusstsein der Einheit mit allem, was ist.

Dieses Vertrauen zu sich selbst und den eigenen Gefühlen wird allerdings häufig durch Blockaden behindert, die sich durch Wertvorstellungen über Glauben, Religion, Erziehung und Spiritualität in unserer Kindheit gebildet haben. Schuldgefühle, mit denen manche Religionssysteme gerne arbeiten, um die »Schäfchen« kontrollierbarer zu halten, sind ein sicherer Weg, diesen Zugang zu den höheren Ebenen zu erschweren.

Offenbar gesellt sich auf diesem Planeten und in unserer Gesellschaft bei allem, was wir tun, die Angst zu uns. Sie scheint übermächtig zu sein. Und je weniger unser Scheitelchakra geöffnet ist, je weniger uns die Anbindung an die geistige Welt bewusst ist, desto mehr sind wir bereit, den Theorien des Getrenntseins, der Hoffnungslosigkeit, der Machtlosigkeit zu glauben. Die Angst kann so ihrerseits immer stärker werden, uns nahezu überwältigen und uns in tiefe Depressionen stürzen.

Wenn jedoch dein 7. Chakra offen ist, dann lebst du so in Harmonie, so im Gefühl, so sehr in der Sicherheit einer Zugehörigkeit zum großen Ganzen, dass du nicht länger in Angst leben musst. Wenn du in diesem Bereich in Harmonie bist, funktionieren alle Chakren. Dann bist du in der Lage, mit dem Dritten Auge zu sehen. Du bist in der Lage, zu kommunizieren. Du bist in der Lage, dein Herz und deine Liebe zu zeigen. Du bist in der Lage, deinem Bauchgefühl zu vertrauen – es hängt alles zusammen.

Zum Abschluss dieses Kapitels noch ein eindringliches Wort zum Zusammenspiel der Chakren: Die Aufgabe der Chakren ist es, den Energiefluss in deinem Körper zu steuern. Wenn deine Chakren Energie unterschiedlich gut leiten, sie sozusagen ungleichmäßig verteilen, bist du selbst in und mit deinem Körper nicht in Harmonie. Du lebst und handelst aus einer disharmonischen Haltung.

Deshalb ist es so wichtig, alle Chakren in Harmonie zu bringen und aus dieser inneren Harmonie heraus in der Welt zu agieren.

Ein erweitertes Chakra-System

Zusätzlich zu den sieben Hauptchakren, die wir uns im vorigen Kapitel angeschaut haben, gibt es noch 14 weitere Chakren, durch die wir mit der Welt in Verbindung stehen und die uns mit Energie versorgen.

Da sind zunächst einmal sieben sogenannte Erdungschakren, die, verbunden mit dem Wurzelchakra, in 10 bis 15 cm Abstand voneinander nach unten in die Erde reichen und Energie aus unserer Mutter Erde in uns hereinleiten. Weitere sieben geistige Chakren, verbunden mit dem Scheitelchakra, reichen im selben Abstand voneinander nach oben in den Himmel, versorgen uns von dort mit Energie und binden uns an die großen kosmischen Zusammenhänge an.

Mit diesem Bild wird noch einmal ganz deutlich: Wir leben als eine Verbindung von Himmel und Erde, wir haben unsere Wurzeln in der Erde und strecken unsere Äste in den Himmel. Unser Sein hört nicht an den Grenzen unserer Körper auf, sondern reicht weit darüber hinaus.

Je höher das Chakra hinaufreicht, desto feiner schwingt seine Energie. Wir können dieses System bildhaft mit dem Getriebe eines Autos vergleichen: Je höher der Gang, desto feiner die Abstimmung.

Je tiefer das Chakra hinabreicht, desto gröber ist die Energie. Und wie beim Auto brauchen wir auch diese unteren Gänge, um uns in dieser Welt bewegen zu können. Es geht hier also auf keinen Fall darum, dass wir die unteren Chakren außer Acht lassen und uns in unserer Arbeit nur auf die höheren Chakren konzentrieren, weil wir meinen, dass nur diese Vorgehensweise spirituellen »Fortschritt« ermöglichen würde. Alle Chakren sind in ihrer Funktionsweise gleich wichtig und gleichwertig!

Wir benötigen die Verbindung zur Erde, um nicht abzuheben (gerade bei spiritueller Arbeit), um ein Vertrauen ins Hier und Jetzt zu entwickeln und in dieser Inkarnation mit ihren physischen Anforderungen bestehen zu können. Gleichzeitig brauchen wir die Verbindung zum Himmel, um Informationen aus der geistigen Welt zu empfangen und Einsichten zu erlangen, die über den Bereich des Physischen hinausgehen.

Diese Informationen aus der geistigen Welt sind stets wichtige Hinweise für das seelenschamanische Arbeiten. Vor jeder Behandlung frage ich die geistige Welt, in welchem Chakra gearbeitet werden soll. Was muss harmonisiert werden? Welche Eigenschaft des Klienten muss gestärkt werden?

Hier möchte ich dir nun eine Übung vorstellen, die genau diesem Informationsgewinn dient, aber auch einfach als Übung genutzt werden kann, um unsere eigene Verbindung zu Mutter Erde und Vater Himmel zu festigen.

Übung 5:
Die goldene Energiekugel

Stelle dich, am besten barfuß, in einen sicheren Stand. Spüre die Erde unter deinen Fußsohlen, fühle, wie du getragen wirst. Mache einige ruhige und tiefe Atemzüge. Schließe dann deine Augen, und visualisiere eine goldene Kugel aus reiner Energie, die du aus der Erde heraufatmest. Atme diese Kugel in dein unterstes Erdungschakra herauf. Beim nächsten Ausatmen gibst du alles Negative, das sich momentan in deinem System befindet, in die Kugel hinein und vertraust darauf, dass die Kugel diese Energie transformieren wird.

Dann atme die Kugel in das nächsthöhere Chakra herauf – und gib wieder alles Negative beim Ausatmen in die Kugel hinein. So verfährst du immer weiter: durch die sieben Erdungschakren, dann durch die sieben Hauptchakren deines Körpers, dann in die sieben oberen Chakren über deinem Scheitel hinein. Du ziehst die Energie immer höher bis zum obersten Chakra. Nun hast du einerseits all deine Chakren einmal angesprochen und von negativer Energie gereinigt, andererseits posi-

tive Energie aus der goldenen Kugel in deine Chakren hineingeatmet, die Verbindung vom untersten Erdungschakra bis zum höchsten Chakra vollzogen und somit Erde und Himmel verwoben.

In deinem höchsten Chakra angekommen, kannst du nun die geistige Welt um Rat fragen. Du kannst fragen, um welches Chakra du dich heute besonders kümmern solltest oder welches Chakra du heute am dringendsten brauchen wirst. Wenn du eine Behandlung für jemand anderen machst, kannst du fragen, in welchem Chakra des Klienten du heute arbeiten sollst.

Wenn du diese Auskunft erhalten hast (du wirst nicht immer eine verbal formulierte Antwort bekommen, sondern manchmal auch nur Bilder sehen wie z.B. die Farbe des entsprechenden Chakras – vertraue hier ganz deiner Intuition!), atmest du die Kugel zurück in das Chakra, um das es heute geht, und beendest die Übung.

Spüre noch ein wenig nach, zentriere dich, und öffne dann langsam deine Augen.

Diese Übung kannst du jeden Morgen machen. In einer gewissen Regelmäßigkeit verbindet sie dich immer wieder mit den Energien der einzelnen Chakren und mit der Kraft von Himmel und Erde. Außerdem bist du auf diese Weise immer in bewusstem Kontakt mit der geistigen Welt und lernst, den Informationen aus diesem Bereich ebenso wie deiner eigenen Intuition zu vertrauen.

Chakren und die Elemente

Im Seelenschamanismus ehren wir nicht nur Vater Himmel und Mutter Erde, sondern auch die vier Elemente, aus denen unsere Welt besteht bzw. in denen sie sich ausdrückt. Diese Elemente können wir auch unseren Chakren zuordnen. Jedes Chakra entspricht in seiner Qualität und seiner Ausrichtung einem bestimmten Element. Auch durch die Arbeit mit diesen haben wir eine Möglichkeit, uns tiefer mit der Welt zu verbinden und Unterstützung auf unserem Weg zu erfahren.

Das Wurzelchakra ist dem Element Erde zugeordnet. Dieses Chakra am unteren Ende unserer Wirbelsäule verbindet uns mit der Kraft der Erde. Hier erfahren wir Festigkeit, von hier führen unsere Wurzeln in den Körper unseres Mutterplaneten. Die Fruchtbarkeit des Bodens drückt sich auch in unserer Fruchtbarkeit aus, sowohl in körperlicher als auch in geistiger Hinsicht. Wenn wir gut geerdet sind, werden unsere Samen versorgt, die wir in die Welt bringen. Wir bauen dann nicht nur Luftschlösser, sondern manifestieren etwas Wirkliches.

Um die Verbindung zu diesem Element zu stärken, empfehle ich folgende kleine Übung.

Übung 6:
Die Erde spüren

Lasse dich im Sommerurlaub am Strand in den Sand einbuddeln, oder lege dich in deinem Garten unter den frischen Grasschnitt oder bei einem Bauern ins Heu. Bedecke deinen ganzen Körper mit Sand, Gras oder Heu, und lasse nur dein Gesicht frei. Spüre die Schwere der Erde unter dir, spüre das jeweilige Naturmaterial auf dir. Atme den Duft der Erde, des Sandes, des Grases, des Heus ein. Spüre, wie du umhüllt wirst, gewärmt, behütet und geschützt. Mache dir bewusst, dass dein Körper aus dem Erdelement gebildet ist und dass du nun ganz von etwas umgeben bist, das zutiefst verwandt mit dir ist. Bleibe so für eine halbe Stunde liegen, und genieße das Gefühl der Erdigkeit.

Zusätzlich empfehle ich dir, jeden Tag mindestens eine Minute barfuß in der freien Natur zu gehen und durch deine Fußsohlen Kontakt mit der Erde aufzunehmen.

Das Nabel- und das Solarplexuschakra sind mit dem Element Wasser verbunden. Wasser ist fließend und nährend, manchmal auch dunkel und mysteriös. Wie oftmals unser Bauchgefühl ist es nicht wirklich zu fassen, nicht intellektuell zu beschreiben. Wasser macht uns lebendig, lässt auch uns fließen. Wir werden weich und umfließen Hindernisse, anstatt uns an ihnen die Köpfe einzurennen. Wasser kühlt und erfrischt uns, es durchströmt unseren Körper und versorgt alle Zellen mit wichtigen Nährstoffen.

Hier eine Übung, die uns mithilfe des Elements Wasser neue Kraft tanken lässt.

Übung 7:
Uns dem Wasser hingeben

Begib dich an einen Fluss oder einen Bach. Stelle oder setze dich ans Ufer, und schaue flussabwärts. Stelle dir vor, wie das Wasser durch dich hindurchfließt, wie es sich mit deinem Nabel- und deinem Solarplexuschakra verbindet und Emotionen mit sich trägt. Vielleicht sitzt ein negatives Gefühl in dir fest, ein Grummeln im Bauch, das dich unfrei oder handlungsunfähig zu machen scheint. Lasse dieses Bauchgefühl mit dem Fluss oder Bach davonschwimmen. Vertraue darauf, dass das Gewässer diese Emotionen mit sich nimmt.

Nach einer Weile, wenn du merkst, dass dein Bauchgefühl gelöster und freier ist, drehst du dich um und schaust flussaufwärts. Nimm nun die neue und frische Kraft auf, die das fließende Gewässer dir zuträgt.

Das Herzchakra ist dem Element Feuer zugeordnet. Feuer wärmt uns Menschen seit Generationen, bietet uns Schutz und Zuflucht. Feuerhütern kam in der Vergangenheit die wichtige Aufgabe zu, dafür zu sorgen, dass das Feuer der Gemeinschaft nie erlischt.

Auch in unserem Herzchakra lodert ein wärmendes Feuer. Hier brennen wir für etwas, hier ist der Ort unserer Leidenschaft und Lebendigkeit. Von hier aus entzünden wir auch andere, können sie begeistern und mitreißen. Das Herz ist ebenfalls unser Schutz, unsere innerste Heimat, unser heimeliges Herdfeuer. Dieses Licht im Herzen schenkt uns ein Gefühl von Geborgenheit. Auch dieses Feuer sollte nie erlöschen, auf dass wir nicht unsere Leidenschaft und unsere grundlegende Lebendigkeit verlieren.

Hier eine Übung, die unsere Verbindung mit dem Element Feuer stärkt.

Übung 8:
Äußeres und inneres Feuer

Setze dich vor einen offenen Kamin oder an ein Lagerfeuer. Lasse deinen Blick ganz weich werden, und schaue ins Feuer. Lasse deinen Geist immer tiefer ins Spiel der Flammen sinken. Spüre die Wärme auf deinem Gesicht, höre das Prasseln und Knistern, das Knacken der Scheite. Atme achtsam, versenke dich ... Das Feuer wird mit dir sprechen, Figuren werden in den Flammen erscheinen, Tiere, Fabelwesen, Ahnen ... Lasse dich ganz darauf ein, vertraue deiner Intuition, und lasse dich von dem, was das Feuer dir sagen möchte, in deinem Herzen berühren. Spüre, wie dein Herz dem Feuer antwortet. Lausche der Kommunikation zwischen deinem Inneren und dem Element des Feuers.

Kehl-, Stirn- und Scheitelchakra sind mit dem Element Luft verbunden. Unser Geist ist seiner ursprünglichen Natur nach klar und grenzenlos wie der Himmel. Der Wind trägt unsere geistige Energie, nimmt gesprochene Worte und Gedanken auf und führt sie auf seinen Schwingen um die Welt. Luft ist frei, wie unsere Gedanken es sind.

Wollen wir die Verbindung zu diesem Element stärken, gibt es nichts Besseres, als uns der Kraft des Windes auszusetzen.

Übung 9:
Den Wind durch uns hindurchwehen lassen

Gehe an einem Tag, an dem ein starker Wind weht oder gar ein Sturm aufzieht, nach draußen, am besten auf ein freies Feld oder einen Hügel. Setze dich bewusst der Kraft des Windes aus, lasse ihn an dir zerren und rütteln, lasse dich innerlich bewegen.

Stelle dich mit dem Rücken zum Wind, und lasse Negatives fortwehen. Wenn es sich um Dinge aus deinem Kehlchakra handelt, kannst du sie laut aussprechen, sie in den Wind rufen und diesen jene mit sich tragen lassen. Aus deinem Stirn- und deinem Scheitelchakra kannst du Gedanken abgeben und sie auf ihre eigene Reise schicken. Lasse zu, dass der Wind alles Negative aus dir hinausweht, dich durchweht, dich reinigt.

Danach drehst du dich um und empfängst die neue Kraft, die der Wind dir zuträgt und die aus dem grenzenlosen Raum stammt.

Diese Übungen kannst du immer machen, wenn du dich stärker mit einem Element verbinden möchtest oder wenn du das Gefühl hast, dass du etwas abgeben musst oder dass du neue Kraft brauchst. Unsere Erde und ihre Elemente sind dir freundlich gesonnen und unterstützen dich, wenn du dich auf sie einlässt.

Chakren reinigen und stärken

Chakren sind wie Trichter, durch die täglich Wasser läuft. Und wie Wasser Kalk mit sich führt, der auf Dauer dazu führt, dass der Trichter letztlich verstopft, bringen auch wir mit unseren Gedanken oder unserer Lebensführung gewisse Verunreinigungen in unsere Chakren ein, die längerfristig unser Energiesystem beeinflussen. Unser »Kalk« sind Ängste, Selbstwertprobleme, Unsicherheiten und Anhaftungen an Dinge oder Personen, von denen wir uns nicht lösen können. Verbale Angriffe von außen, aber auch Verurteilungen, die wir über uns selbst aussprechen oder denken, Ärger, den wir in uns hineinfressen, und Dinge, die wir hinunterschlucken, anstatt sie auszusprechen, verstopfen und blockieren unsere Chakren.

Zusätzlich werden unsere Chakren durch übermäßigen Fleischkonsum, Alkohol, Nikotin und zu wenig Bewegung geschwächt bzw. verunreinigt.

Wir nehmen also jeden Tag sowohl auf geistiger als auch auf körperlicher Ebene Negatives auf, das sich letztlich in unserem Energiesystem bemerkbar macht, wenn wir uns nicht regelmäßig reinigen.

Im letzten Kapitel hast du schon ein paar Übungen kennengelernt, die dir helfen können, dein System zu warten. Hier möchte ich dir noch zwei ganz wesentliche Übungen vorschlagen, die du ohne großen Aufwand jeden Tag machen kannst.

Übung 10:
Aura ausstreichen

Wenn du abends zur Ruhe kommst und der Tag hinter dir liegt, nimm dir ein paar Minuten Zeit, um deine Aura von allem zu reinigen, was sich tagsüber durch deine eigenen Gedanken, durch die Gedanken und Worte von anderen und durch deine allgemeine Lebensführung in ihr angesammelt hat.

Visualisiere deine Aura, und streiche dann ganz langsam von oben nach unten gerichtet alles Negative von ihr ab. Vertraue der Macht deiner Gedanken und deiner Vorstellungskraft! Erinnere dich daran, wie eine Mutter einem Kind, das sich wehgetan hat, den Schmerz wegpustet oder wegstreichelt.

Streiche alles Negative von dir ab, befreie dich von seinen Einflüssen, bevor du dich abends zum Schlafen hinlegst. Mache dir diese Übung zur Gewohnheit, und du wirst überrascht sein zu sehen, welche positiven Effekte sie auf dein Leben hat.

Übung 11:
Chakren putzen

Stelle dich aufrecht hin, erde dich, atme ein paar Mal tief durch, und visualisiere dann deine Sushumna als eine Art Röhre in deinem Körper, an der wie Trichter deine einzelnen Chakren angebracht sind.

Wenn du dich nun an die geistige Putzarbeit machen willst, um die Chakren zu reinigen, so stelle dir ein wunderschönes Seidentuch als Handwerkszeug vor. Das ziehst du nun von vorne nach hinten durch die Chakren und reinigst so das vorhandene Energiefeld. Es ist die Macht deiner Gedanken, die hier wirkt. Durch den Gedanken, der sich in Anbindung an die geistige Welt darauf fokussiert, die Chakren zu reinigen, wird der Energiefluss verbessert. Du stellst dir vor, was mit dem Seidentuch geschieht, und schon geschieht es. Allein durch die Macht der Gedanken!

Ich sagte ja schon im Kapitel »Chakren und Prana«, dass diese Arbeit manchmal so einfach erscheint, dass wir es selbst gar nicht glauben können. Unser Verstand steht uns hier oft im Weg und möchte uns glauben machen, dass so etwas Einfaches gar nicht funktionieren kann. Auf diese Weise wird das Einfache schwierig oder gar unmöglich. Wir können unseren Verstand nur mit der eigenen Erfahrung »überlisten« und uns selbst die Macht unserer Vorstellungskraft immer wieder durch praktische Erlebnisse vor Augen führen.

Die Macht unserer Gedanken hat einen unglaublich starken Einfluss auf uns, sowohl im positiven als auch im negativen Sinne. In der *Übung 4* haben wir gelernt, Chakren in die richtige Länge zu ziehen. Auch dies geschah durch unsere Vorstellungskraft und die Schwingung, die diese erzeugt.

Wenn ich dein Unterbewusstsein in Bewegung setze, indem ich dir sage »Ich ziehe dein Chakra in die Länge«, gehorcht dein Unterbewusstsein und öffnet das entsprechende Chakra ganz automatisch auf die richtige Größe. Dadurch kann es wieder genügend Energie aufnehmen, was auch spürbar ist.

Das sogenannte Andrehen der Chakren funktioniert in ähnlicher Weise.

Wenn ich dir sage »Ich bringe dein Chakra wieder in die Drehrichtung, damit es Prana anziehen kann; ich löse die Blockade, damit du wieder in Harmonie kommst«, öffnet sich das Chakra, und es dreht sich automatisch richtig.

Ich setze also als Therapeut immer einen Impuls in deinem Unterbewusstsein, und du setzt diesen Impuls um. Dadurch werden die Chakren gereinigt, in die richtige Länge gezogen, geöffnet und angedreht. Nur so fließt die Energie wieder richtig, und dein Körper kann sich wieder selbst heilen.

Starke, saubere Chakren sorgen für einen ungehinderten Energietransport. Je besser die Chakren arbeiten, desto energievoller bist du. Um die Chakren immer wieder zu stärken, wirken frische Luft und Sonne wahre Wunder. Lasse die Kraft des Wassers auf dich wirken, sei es ein Fluss oder ein See, schon ein Tümpel kann genügen. Stelle dich in den Wind, der deine Haut umschmeichelt, auch wenn er dir vielleicht die Haare zerzaust. Lasse ihn ruhig darin wohnen. Schaue ins Feuer, und kommuniziere mit den Flammen.

Wenn die Elemente in ihrer Ganzheit mit deinen Chakren in Harmonie sind, bist du unantastbar, es kann dir nichts passieren. Wenn du allerdings rauchst und zu viel Alkohol konsumierst, wenn du dich in Bars und Discos herumtreibst und üppigem Fleischgenuss nicht abgeneigt bist, dann wird es sich äußerst schwierig gestalten, deine Chakren in Harmonie und Stärke zu halten.

Auch Streitgespräche, hitzige Diskussionen, die häufig Verletzungen mit sich bringen, sind dem Wohl deiner Chakren abträglich, schwächen sie und reißen dich aus deiner Mitte.

Wahrscheinlich denkst du jetzt, dass das einfacher gesagt als getan ist ... Vielleicht hast du oft Ärger im Beruf. Und zu Hause herrscht auch nicht immer eitel Sonnenschein. Mit deinem Nachbar ist eventuell nicht gut Kirschen essen, und auch in deiner Familie ist nicht immer alles Friede, Freude, Eierkuchen. Jeden Tag tun sich neue Probleme für dich auf.

Da kann ich dir nur einen Rat geben: Erwarte nichts! Werte nicht! Urteile und verurteile nicht. Sei dankbar, dass du alles erleben darfst, was du erlebst. Auch wenn du manchmal verletzt wirst: Nimm es an! Denn schließlich hat auch das mit dir selbst und deinem Seelenweg zu tun. Auch Demütigungen haben mit dir zu tun. Sperre dich nicht gegen sie! Sei dir deiner Verantwortung für dein Erleben, vor allem aber für deinen eigenen Umgang mit dem Erlebten bewusst!

Es gibt ein recht unpopuläres Gesetz: Wenn du kämpfst, verlierst du.

Wenn du gegen die Welt ankämpfst, schwächt das deine Chakren. Nimmst du die Schwierigkeiten stattdessen an und änderst bewusst deine innere Haltung zu ihnen, erfährst du eine ganz neue Kraft, eine ganz neue innere Stärke. Sei dankbar für alles Erlebte, auch wenn es manchmal schwerfällt. Dein Kampf hat seinen Ursprung meist in deinem Denken, das positive Erlebnisse in die Ewigkeit ausdehnen will, was unmöglich ist, oder negative Erlebnisse weit von sich weisen will, was ebenfalls leider nicht funktioniert.

Das wirkliche Problem ist der Kampf deines Denkens, den du führst, wenn du dich gegen die Wirklichkeit stemmst.

Baue stattdessen auf deine Intuition, und du erhältst Antworten aus dem Unterbewusstsein, die dazu beitragen, Probleme auf einer ganz anderen Ebene zu lösen.

Nimm Schwierigkeiten an, setze dich mit ihnen auseinander, verbinde dich mit ihnen, kommuniziere mit ihnen … Dann öffnen sich alle Türen.

Genauso verhält es sich mit Krankheiten oder Unpässlichkeiten: Wenn du bloß gegen sie ankämpfst, ohne sie wirklich anzusehen, wirst du verlieren. Wenn du sie aber annimmst und dich fragst, warum du diese Krankheit bekommen haben könntest, kannst du etwas verändern, und die Blockaden, die die eigentliche Ursache der Krankheit sind, können sich auflösen.

Eine verschlossene Tür kannst du nur dann aufmachen, wenn du den Schlüssel für sie hast. Annahme und Harmonie sind die Namen dieses Schlüssels. Ein Leben in Harmonie mit dir selbst und der Welt stärkt deine Chakren, die dich dann stets mit neuer Lebensenergie versorgen.

Wenn alles in uns fließt, keine Blockaden uns mehr hindern, können wir auch für andere Menschen nützlicher werden und ihnen wahrhaft helfen. Mit dieser Arbeit möchte ich mich nun im letzten Kapitel beschäftigen.

Schamanische Chakrenarbeit in der Praxis

Ziel der schamanischen Chakrenarbeit, die wir für andere leisten, ist es, die Person in Ruhe und Harmonie zu bringen. Wir können eine Person mit einem Teich vergleichen, der nach einem Sturm zur Ruhe kommt. Der durch den Sturm aufgewirbelte Schlamm setzt sich, das Wasser wird wieder klar, durchsichtig und empfänglich.

Werden Körper und Geist ruhig, kann die Energie wieder fließen, das Leben wird leichter.

Schau dir einmal das Drama an, das die meisten Menschen tagtäglich durchmachen: die Ängste und der Stress, denen sich viele aussetzen, die beruflichen und familiären Probleme. Äußere Einflüsse bringen das Energiefeld immer wieder in Disharmonie. So erschaffen diese Dramen ein Energiefeld, das wie ein aufgewühltes Meer bei Windstärke 12 ist. Es ist so durcheinander, dass man sonst etwas darin »verklappen« könnte, ohne dass die betreffende Person es merken würde. Es gibt also allerhand Anlass, das Energiefeld eines belasteten Menschen wieder in Harmonie zu bringen.

In dieser Arbeit bringen wir die Energie von Mutter Erde und von Vater Himmel durch die Beine der Person in den Körper und führen sie durch die einzelnen Chakren nach oben. Dabei hilft uns die Vorstellung des Laufs der Sonne, die wir auch schon bei der Beschreibung der einzelnen Chakren benutzt haben. Neben den sieben Hauptchakren sind in diese Form der Arbeit auch viele Nebenchakren eingebunden.

Zu Anfang nimmst du beide Fußsohlen der liegenden Person, die du behandeln möchtest, in deine Hände. In diesem Moment stellst du über die beiden Herznebenchakren, die sich in deinen Handflächen befinden, eine Verbindung zwischen deinem Herzchakra und der Person her. Du wirst nun die Fußsohlen so lange halten, bis das Energiefeld gereinigt und das Gleichgewicht wiederhergestellt ist. Indem von den Fußsohlen aus Energie in den jeweiligen Chakra-Farben in den Körper gesendet wird, gleicht sich das gesamte Energiefeld des Klienten bzw. der Klientin aus und wird aktiviert.

Halte die Füße der Person in den Händen, und sende in Gedanken die Farbe Rot von den Chakren der Füße bis ins Wurzelchakra hinauf. Rot ist der Sonnenaufgang: Die Sonne kommt aus der Erde hervor, das Feuer der Erde steigt in uns auf.
Sende in Gedanken die Farbe Orange vom Wurzelchakra bis ins Nabelchakra hinauf. Orange ist die sanfte Klarheit des Morgenlichtes.

Sende in Gedanken die Farbe Gelb vom Nabelchakra bis ins Solarplexuschakra hinauf. Gelb ist die Wärme, die aufsteigt, die wir aufnehmen, mit der wir kommunizieren.

Sende in Gedanken die Farbe Grün vom Solarplexuschakra bis ins Herzchakra hinauf. Mit dem Grün erwacht die Natur, das Feuer des Lebens wird erweckt, wir werden »entzündet«, mit Begeisterung »angesteckt«. Unser Lebenswille und unsere Herzenskraft regen sich.

Sende in Gedanken die Farbe Blau vom Herzchakra zum Kehlchakra hinauf. Blau steht für die Öffnung des Himmels, in dem wir uns frei wie ein Vogel bewegen können und Grenzenlosigkeit erfahren.

Sende in Gedanken die Farbe Weiß vom Kehlchakra zum Stirnchakra hinauf. Weiß steht für die Sonne an ihrem höchsten Punkt – ein Licht, das die Schatten vertreibt und eine klare Wahrnehmung ermöglicht.

Vom Stirnchakra ziehst du die Energie nun schrittweise wieder zurück bis zu den Füßen der Person. Wichtig: Du gehst nicht in das Scheitelchakra, denn von hier aus würde die Energie nach oben entweichen!

Diese sieben Schritte wiederholst du drei Mal. Du lässt die Energie immer wieder in den entsprechenden Farben durch den Körper der Person laufen.

Als Nächstes begibst du dich auf die rechte Seite der Person und stellst mit deinen Händen eine Verbindung von der Fußsohle zum Knöchel her, indem du mit der linken Hand den Fuß umfasst und mit der rechten das Sprunggelenk. Dann lässt du die Energie von der linken zur rechten Hand hinauffließen. Daraufhin greifst du mit der linken Hand an das Knie und stellst auf dieselbe Weise eine Verbindung vom Knöchel zum Knie und anschließend von dort zur Hüfte her. Anschließend machst du dasselbe auf der linken Körperseite. Von der Hüfte aus bewegst du dich dann zum Nabelchakra, auf das du deine rechte Hand legst, während deine Linke noch auf der Hüfte des Klienten bzw. der Klientin ruht.

Vom Nabelchakra lässt du die Energie zum Solarplexuschakra fließen, auf das du die linke Hand legst – so lange, bis dein Unterbewusstsein signalisiert, dass es genug ist. So gehst du nun Chakra für Chakra weiter, bis zum 7. Chakra. Bei dieser Methode musst du nicht befürchten, dass die Energie nach oben entweicht, weil du deine Hand auf den Scheitel legst und so die Energie im Körper hältst. Arbeite auch hier jeweils mit den entsprechenden Farben der Chakren. Lasse die Energie mittels der Farben fließen.

Nach der Aktivierung des Scheitelchakras greifst du direkt wieder die Fußsohlen, um zum Abschluss nochmals die Energie von dort durch den ganzen Körper fließen zu lassen. Auch diesen Vorgang wiederholst du drei Mal.

Insgesamt dauert diese Behandlung etwa eine Stunde.

Wichtig bei dieser Chakrenarbeit ist, dass die Energie immer gleichmäßig fließt und der Kontakt zu der zu behandelnden Person nicht unterbrochen oder gelöst wird. Lasse die Person also auf keinen Fall los, sonst kannst du mit deiner Arbeit von vorn beginnen! Ziel dieser schamanischen Energiearbeit ist es, die zu behandelnde Person zur Ruhe zu bringen und ihr Energiefeld zu harmonisieren. Das kann auch dazu führen, dass die Person einschläft, was völlig in Ordnung ist.

Wie lange du die Farben zwischen den einzelnen Chakren fließen lässt, ist abhängig davon, was dir dein Unterbewusstsein signalisiert. Ist es ausreichend, oder braucht das eine oder andere Chakra noch weitere Farbunterstützung? Vertraue bei dieser Arbeit ganz und gar deiner Intuition und dem, was die zu behandelnde Person dir sendet.

Schlusswort

Die seelenschamanische Arbeit mit den Chakren öffnet dich immer mehr für die Energien des Kosmos. Du nimmst diese besser auf, verteilst sie harmonischer in deinem eigenen Energiesystem und strahlst diese Energie und die mit ihr verbundene Freude und Ruhe auch aus. Dein Leben wird leichter, wenn du selbst im Fluss bist, deine aus dem überaktiven Verstand herrührenden Widerstände aufgibst und der Wirklichkeit mit offenem Herzen begegnest. Ich bin sicher, dass dich diese Arbeit zu solch einem Leben führen kann.

Dieses Buch dient dazu, dir einen Einblick in die schamanische Chakren-Arbeit zu bieten, wie ich sie in meiner Akademie lehre und lebe. Bei regelmäßiger Übung wird sich in deinem Energiefeld etwas verändern, was du selbst nicht verstehen oder in Worte fassen können wirst. Es kommt nun wirklich einzig auf dein Tun an. Lasse die Energie fließen, mache die Übungen, werde praktisch, und verharre nicht bei der Theorie!

Ich wünsche dir aus tiefstem Herzen, dass du beglückende Erfahrungen mit dieser Form der Energiearbeit machen darfst. Möge der Kosmos in dir wirken und dich wahrhaft lebendig machen!

Reinhard Stengel, der »Rainbowman«, war lange im Management tätig. 1986 hatte er erste Kontakte zum Schamanismus, entschied sich aber erst 2004, seinen Beruf aufzugeben und als Heiler und Schamane zu wirken. Heute ist er erfolgreicher Vortragsredner und Trainer, der deutschlandweit die Säle füllt. Seine Erfolge in der Behandlung psychischer und physischer Störungen sprechen für ihn.

Weitere Informationen unter:
www.reinhard-stengel.de

Außerdem von Reinhard Stengel im Schirner Verlag erschienen:

Reinhard Stengel
Rainbowman
Seelenschamanische Energiearbeit
208 Seiten
ISBN 978-3-8434-1042-7

Durch die Begegnung mit einem Schamanen im Indianerreservat lernte Reinhard Stengel, die Begabungen, die er seit seiner Kindheit hatte, zu verstehen. Heute nimmt er sich das Recht heraus, aus verschiedenen Traditionen die Elemente zu vereinigen, die seinen Erfahrungen entsprechen und sich in der Praxis bewährt haben. In seiner fundierten wie humorvollen Art lässt der »Rainbowman« Sie an seinem tiefen Wissen über Seelenplan, Krafttiere, Organsprache, Akasha-Chronik, Chakrenheilung und vieles andere teilhaben.